AF561665

RED
DRAGON
BOOKS

VIOLAÇÃO

Publisher: **Alexandre M Brito**
Editor: **Alex Magnos**
Revisão: **Julia Santos**
Projeto Gráfico: **Red Dragon Média**

Ilustração da capa
Visões da Mortes por ***Gustave Doré*** (1832 - 1883)
Cores por ***Alex Magnos***

Dados Internacionais de Catalogação da Publicação - CIP
Catalogação na Fonte

Teófilo, Rodolfo (1853 - 1932)
Violação / Rodolfo Teófilo. Introdução e notas de Alex Magnos - 1. ed. Fortaleza, CE : Red Dragon Publisher, 2017.

ISBN 978-85-69097-17-4

1. Literatura brasileira 2. Ficção 3. Conto
I. Título. II. Teófilo, Rodolfo (1853 - 1932).
CDD-869.93

Índices para catálogo sistemático:
1. Literatura brasileira : Ficção : Conto
869.93

1ª edição, Março de 2017
2ª impressão

RED DRAGON PUBLISHER
Alex Magnos Storyteller
Fortaleza CE Brasil
+ 55 85 2130 9186
reddragonpublisher@gmail.com
www.reddragonpublisher.com

À memóra do grande homem que foi
Rodolfo Teófilo

outrora, ocuparam as cadeiras do Café Java, para engrossarem o corpo intelectual da Padaria e assim, produzir o Pão do espírito. Àquele momento nosso, estavam reunidos, escritores de literatura de cordel, poetas, comediantes, desenhistas (eu ainda gostava de deitar meus traços sobre papel, mas parei em 2004), e, claro, filósofos. A ideia era clara, uma agremiação aos moldes da Padaria, ou, pelo menos, o mais próximo que conseguíssemos chegar. Para tanto, apresentei o possante nome ao grupo: *Os Porteiros Aletófilos*. Lógico que houve comoção e tendências à rejeição do obscuro neologismo (não creio que "*aletófilos*" tenha sido usado anterior àquele momento!). Mas após um vai e vem de considerações, o neologismo foi aceito e o grupo desde então passou a ter um nome.

Confesso que o primeiro dos nomes, "Porteiros", veio-me à mente por ocasião da leitura de "*As Portas da Percepção*" (1954), de Aldous Huxley, e, embora não tivesse as mesmas inspirações que Huxley, via o nome como se aplica inato, pois somado ao segundo dos nomes, "*aletófilo*", teríamos então o sentido esotérico que desejava incutir ao grêmio. Cunhado a partir do grego clássico, das palavras ἀληθῶς (*alethos*) que traduz-se para o português como "verdadeiro", e φίλος (*philos*) que traduz-se à nossa língua como "amigo" ou "amante", isto é, alguém de muita estima em forma pessoal e íntima; alguém depositário de confiança, estimado em um estreito vínculo de afeto pessoal, nesse caso, com o que era verdadeiro, por assim dizer. Pois esse era o ideal mor que alimentava o citado projeto da nova agremiação: seríamos *Os Porteiros Aletófilos*, ou seja, os amantes do verdadeiro e serviríamos como os zeladores dessas ideias. Hoje, voltando os olhos da mente para aqueles dias, a ideia parece-me ingênua, mesmo jocosa, mas vá lá, éramos jovens e sonhadores.

Ainda seguindo o protótipo da Padaria, assumimos para

cada um de nós, um pseudônimo, não que buscássemos nos ocultar, apenas procurávamos seguir o mesmo ideal romântico de uma segunda prosopa, uma por nós mesmos construída. Mas mesmo seguindo alguns moldes dos padeiros, divergimos deles em outros aspectos; tal qual aqueles, também intencionávamos, através das letras, protestar contra o status quo, o clero, a politicagem, burguesia, a apatia em geral e tudo que fosse tradicionalista e politicamente correto; mas em caminhos opostos aos padeiros, que aderiram a um nacionalismo radical, buscávamos nós um cosmopolitismo holístico. Assim, assumi o epíteto de *El-Skander*, sendo esse uma variação do persa-árabe para o nome de origem helênica para Alexandre da Macedônia e que significa literalmente "O Grande". O nome daquele conquistador, discípulo de Aristóteles, foi o mesmo nome dado a mim, por meu pai, do qual muito me orgulho. Outro que engrossava a sociedade dos *Aletófilos*, era o então, em início de carreira, escritor cordelista Antonio Carlos da Silva, que deu-se a alcunha de Rouxinol Lírico, pouco depois mudado para Rouxinol do Rinaré, nome pelo qual é hoje largamente conhecido no cenário dos apreciadores dessa literatura popular. Ainda contávamos com o filósofo Francisco José da Silva que, em honra à memória de seu pai, assumiu o epíteto de José Bento e em versão hebráica de Baruch Ben Joseph, e também, Luiz Eduardo Serra Azul, que simplesmente passou a usar seu sobrenome Serra Azul, o qual, segundo o próprio, era nome de uma significativa família.

Definido o nome do grêmio e os cognomes dos sócios, um periódico deveria surgir em seguida para servir de veículo às ideias dos sócios citados e vindouros. Assim nasceu o jornal A Porta. Foi então que veio Rodolfo Teófilo. Era minha ideia também que, embora o periódico apresentasse conteúdos diversos como poesias, imagens cartunescas, juntamente com artigos sobre literatura, opiniões sobre política e assuntos filosóficos, cada edição deveria centralizar na figura de uma pessoa ilustre que já teria vivido sobre essa terra. O periódico teve vida suficiente para três edições. Para sua edição de estréia, minha opinião era que deveríamos estampar a figura de Rodolfo Teófilo; e, para tanto, tive o apoio imediato do Antonio Carlos, o Rouxinol. De Rodolfo, eu já conhecia o nome, já havia escutado uma ou duas coisas sobre os feitos desse grande homem em tempos do colégio, embora escassas fossem as menções a ele em livros de estudos. Mas como bati firme o pé quanto a Rodolfo figurar como foco da primeira edição de A Porta, em um artigo que deveria ser escrito a punho próprio, mergulhei na pesquisa para descobrir mais informações; foi quando, entre outros livros menores que a ele faziam referências, deparei-me com "*Rodolfo Teófilo: O Varão Benemérito da Pátria*", oportuna obra de excelente estudo biográfico escrita por Waldy Sombra, publicada em 1997. O livro de Sombra foi o primeiro contato real, concreto, profundo e definitivo com a mente, o pensamento e a vida da pessoa que foi Rodolfo Teófilo! Digo real e concreto porque na totalidade de seu livro, Waldy Sombra nos apresentava um homem incomum, heroico de causas humanitárias, cearense sem igual, da primeira à última página, verdadeiramente digno de ser exemplo aos filhos dessa terra, incontestavelmente merecedor da comenda de Oficial da Ordem da Rosa, honraria nomeada pelo Imperador D. Pedro II, em maio de 1919. Logo após o livro de Waldy Sombra, caiu em minhas mãos "*O Poder e a Peste: A Vida de Rodolfo Teófilo*", excelente obra biográfica escrita pelo, também cearense, Lira Neto, publicado em 1999. Esses dois calhamaços foram os principais pilares de resgate da vida e da obra daquele grande homem aos meus olhos, e desde então não mais parei de esquadrinhar arrabaldes em busca de mais informações sobre quem foi e o que fez Rodolfo Teófilo.

Tendo testemunhado em primeira mão as atrocidades causadas pela peste que assolava o Ceará em tempos de sua infância, já adulto, Rodolfo decidiu-se por não permanecer apenas como um observador passivo, frente à epidemia de varíola que voltava a acossar a população desgraçada da Fortaleza do alvorecer do século 20 e, sobre aqueles infelizes abandonados a tão ingrata sorte, semear suas pústulas pútridas e mortais. Em um ativismo filantropo e absolutamente abnegado, o bom e admirável homem muniu-se de sua gama intelectual e conhecimento científico e fabricou, com recursos próprios, a vacina contra aquela hedionda peste; daí saiu às ruas da amada terra, à inocular todas as gentes. Durante esse ato heroico, mas que para muitos não parecia mais que insano e mesmo panfletagem desafiadora à oligarquia que governava à época, Rodolfo teve de enfrentar inúmeros obstáculos, senão inimigos ferozes, manifestos pelo desprezível governo do Estado que, a todo custo, tentava difamar tanto o nome e honra do homem, quanto desacreditar seu esforço de heroísmo inegável, bem por aqueles, assim chamados, intelectuais de sua época. Entretanto, com o apoio da Liga Cearense contra a Varíola, Rodolfo Teófilo foi responsável pelo benfazejo ato de quase erradicar totalmente a peste do estado do Ceará, apesar de toda canalhice contra sua pessoa e seus esforços.

Mas seus feitos humanistas não estão limitados ao combater tanto a peste da varíola, como também aos malefícios de pulhas oligárquicos, Rodolfo tomou também grande atividade no envolvimento com o movimento abolicionista do Ceará, nos fins do século 19, e mesmo quanto a esse feito, seu nome é por demais injustiçado, pois hoje um nome vangloriado pelos conterrâneos, é o de Francisco José de Nascimento, cuja antonomásia era Chico da Maltide, que figurava então como prático-mor[1] no porto de Fortaleza; esse recebeu as glórias que deveriam ser direcionadas em maior parte ao benemérito filantropo. Sim, os jangadeiros, tendo à frente Chico da Maltide, fizeram sua parte ao aderirem à greve arquitetada pelos abolicionistas, entre os quais Rodolfo operava ferrenha luta, no porto de Fortaleza. Contudo, a aquiescência dos jangadeiros aos abolicionistas, foi somente assegurada mediante acordo de pagamento de propina. Um simples fato insofismável, àqueles agiam pelo bem das almas desgraçadas pelo repugnante ato da escravidão, já o "herói" e seus seguidores, agiam por pura filáucia, egoísmo imperdoável, de misantropia individualista; mas esses são os heróis imortalizados de hoje! Aquela oportuna propina, assegurada pelos abolicionistas, gerou o afamado "herói" chamado "Dragão do Mar"; assim, provando-se contra um antigo ditado grego que diz "*corpos efêmeros, dinheiro efêmero*", pois aqui as oprobiosas efemeridades tornam-se lustres eternos entre os insipientes.

Indo além, Rodolfo foi também ativista contra o alcoolismo; e, além de fabricante da vacina contra a varíola, foi também pioneiro na melhoria e fabricação de soro para a inoculação da picada da cobra cascavel; bem, como inventor da Cajuína, bebida não alcoólica, à base de caju, que é largamente apreciada no Ceará. Rodolfo foi também vanguardista ao dar ação ao primeiro ato de reforma agrária do qual se tem notícia nesse país. De acordo com registros do início do século 20, Rodolfo Teófilo partilhou e distribuiu entre seus empregados, as ricas terras do Alto da Bonança, fazenda sua, que, ao passar dos anos, deu origem à vizinhaça da Pajuçara (nome esse que remonta à época de Rodolfo); bairro no qual há mais de 20 anos, reside esse que vos escreve essas poucas linhas.

Bem, escrevi então o artigo para A Porta, o qual recebeu o título bastante sugestivo de "*Teófilo - O Amigo de Deus*". Era uma brincadeira inteligente e um trocadilho com base em seu nome que tem origem na língua grega: como anteriormente citado, "*filo*", originalmente *philo*, que significa amigo, ao passo que "*Teo*", originalmente *Theo*, de Θεός, significa Deus; e, obviamente, o título do artigo traz uma alusão clara sobre os atos filantrópicos desse estimável benemérito, pois como disse Mary Shelley em seu romance gótico que nos apresentou o *Prometeu Moderno*, através de Frankenstein, "*ser um homem grande e digno é a maior honra que pode caber a um ser sensível; ser vil e impuro, como muitos o foram, parece a mais baixa degradação, uma condição mais abjeta que a de uma toupeira cega ou a de um verme inofensivo.*" Como esperado, o artigo foi publicado na primeira edição do jornal A Porta, e, desde então, minha relação com a pessoa de Rodolfo Teófilo não teve mais fim. O homem tornou-se desde então uma das mais importantes fontes de inspirações para moldura de meu próprio eu, como ser pensante e sensível.

Por fim, é sabido que, quando deitamos sobre papel ou lançamos aos ouvidos outros, palavras a respeito do homem que foi Rodolfo Teófilo, um esforço titânico é exigido a fim de manter-se equânime do mesmo ou de seus feitos. Em verdade, penso que qualquer imparcialidade quanto ao homem ou seus atos e êxitos, é, no mínimo, indigno, pois, nesse caso, a isenção não seria uma ação contribuinte com a justiça que buscamos ao mesmo. Portanto, de forma nenhuma, tive intenção de buscar imparcialidade ao traçar as poucas linhas, sobre esse conterrâneo a quem tanto admiro. Tenho absoluta ciência que algumas das palavras postas nessas linhas podem mesmo soar impalatáveis para uns poucos; contudo, veementemente creio que, se o fizesse de forma contrária, esta composição não seria digna sobremaneira de figurar como adição à uma obra de Rodolfo Teófilo como é *Violação*.

2 - Quanto à obra

Publicada pela primeira vez pela Tipografia Minerva em 1898, *Violação*, então tratada como conto, hoje alguns lhes dão a classificação de novela, retrata uma época em que o Ceará era constante palco para uma verdadeira tormenta caótica de epidemias, em Violação, Rodolfo nos apresenta a cenários mórbidos e aterradores que vão muito além de uma imagética das visões do inferno concebidas pelo poeta florentino Dante Alighieri, pois na presente narrativa, as cenas atrozes protagonizadas não só pelo cólera-morbo deitando suas garras pálidas de carnificina sobre as infelizes gentes que habitavam aqueles torrões, também sentimos calafrios e outras sensações nauseabundas ao depararmos com cenas de um asco indescritível perpetradas por seres do nível mais vil entre o mais baixo da condição humana. Rodolfo faz vasto uso de imagens gráficas de hecatombe, transgressão sexual e violência brutal, além de descrições tétricas que permeiam todo o corpo narrativo da obra.

A narrativa tem início com o próprio autor recontando as lastimosas lembranças de sua infância sombria, quando ele teve a infelicidade de presenciar a epidemia, emprestando-lhe profundas impressões traumatizante que carregaria consigo por toda a vida. Contudo, a narrativa não finda aqui, e Rodolfo oferece um segundo cenário, uma narrativa ainda mais aterradora e macabra que a primeira. Trata-se do episódio sobre um rapaz que, cataléptico, tem a angústia torturante de presenciar sua noiva, morta em virtude da epidemia de cólera-morbo, ser abusada sexualmente por dois galés[2], no cemitério em meio à centenas de corpos em decomposição, corroídos pelo mal da peste. O horror da cena necrófila evidencia claramente, como em muitas narrativas góticas, algo comum na narrativa de Rodolfo, uma visão profundamente negativa, pessimista, do mundo e da humanidade, bem como de sua capacidade racional.

Em análise final, é de nossa mais sincera e profunda opinião, que Violação deveria ser cotada entre as melhores narrativas de horror, seja do passado ou do presente. Não está talvez por ocasião do desconhecimento da obra entre muitos leitores, mesmo entre muitos familiarizados com a obra de Rodolfo, mas com a publicação deste opúsculo pela *Red Dragon Books*, esperamos estar contribuindo para que cada vez mais pessoas venham a conhecer essa peça de autêntica literatura de horror brasileira, cearense!

***

Em 2004, a obra foi adaptada para Literatura de Cordel, sob o título "*Violação: A Trágica História de Renato e Maria*" e publicado pela *Tupynanquim Editora*. Uma bela homenagem levada a cabo pela pena habilidosa do poeta Rouxinol do Rinaré, o mesmo que foi meu maior partidário em favor de eternizar o homem, Rodolfo Teófilo, nas poucas páginas do saudoso jornal *A Porta*, e, por meio deste, em nossas vidas; sim, pois desde aquele momento, outros movimentos, em prol da memória do ancião benemérito, surgiram em Maracanaú, município que hoje guarda umas das lembranças físicas do ancião benfazejo: a Casa de Rodolfo Teófilo na Pajuçara, antiga fazenda *Alto da Bonança* de propriedade do escritor.

E foi lá, naquele aprazível pedaço de terra, que Rodolfo deu à luz boa parte do corpo de sua obra.

Alex Magnos
Escritor, editor, admirador incondicional do Varão Benemérito da Pátria.

Rodolfo Teófilo
Ilustração de Alex Magnos para a primeira página da 1ª edição do jornal A Porta, de 1999, que apresentou o artigo: "Teófilo - O Amigo de Deus".

Violação

"A dissolução é a glorificação da matéria,
o triunfo da animalidade."

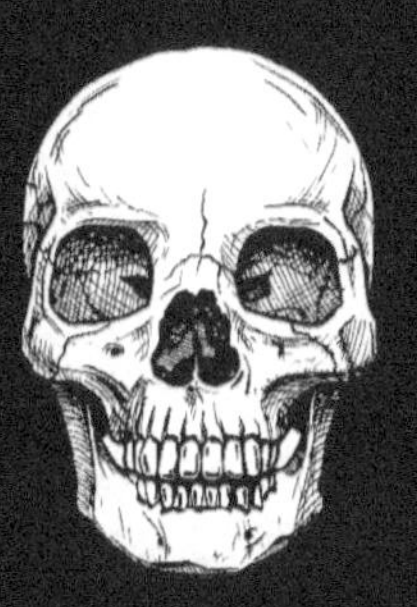

CAPÍTULO I

A triste cena de bruteza humana que vou narrar passou-se em 1862, na epidemia do cólera-morbo, em uma das vilas do litoral do Ceará.

Eu era bem criança; tinha nove anos, mas conservo estereotipado em tudo que vi naquela medonha peste.

Meu pai era o único médico do lugar quando se deu a invasão do mal. Havia meses que o flagelo devastara os sertões da província, e de lá vinham as mais desoladoras notícias. Tudo estava se acabando no interior, morria-se em poucas horas, dizia a nova popular em seu costumado exagero, e assim se espalhava de tenda em tenda, deixando em sua passagem o gérmen do desconforto a desenvolver-se e a crescer!...

O espírito das populações marinhas cada vez mais se abatia com os horrores que se contavam da peste. Não se guardavam as devidas reservas sobre o progresso e intensidade das epidemia. Os poderes públicos, não compreendendo a influência perniciosa de semelhantes novas, as divulgavam abatendo assim mais o ânimo dos que iam gozando as imunidades do contágio.

Era a primeira que o mortífero filho do Ganges nos visitava; que a legião desses infinitamente pequenos deixava a sua terra, para vir empestear a nossa tenda.

O pânico era geral; numa mortificante tensão do espírito, como a do condenado que espera no oratório que venham buscá-lo para o patíbulo, aguardávamos a visita da peste.

A posição topográfica da localidade, longe de nos dar uma certa imunidade, pelo contrário, favorecia a procriação dos micróbios do mal, pois que a vila estava edificada num estreito vale, cercada de montanhas. O vento que é o veículo do cólera, o deixaria ali, e o bacilo da peste se desenvolveria e mataria à vontade.

E todos nós nos preparávamos, não para resistir ao inimigo, pois não tinha armas a nossa ignorância, mas para morrer. Não se tardaria ouvir o gemido do primeiro pesteado.

A população espavorida valeu-se do derradeiro recurso dos abandonados, e todos os dias lá ia em grande romagem à pequena matriz, pedir a Deus que a livrasse da peste. Lembro-me ainda, sentindo um frêmito nos nervos, daquele vozear de náufragos a implorar a misericórdia do céu. Rezavam, em vez de estabelecerem rigorosos cordões sanitários.

Algumas famílias abastadas fugiram para a capital, que se conservava em boas condições sanitárias. Nós também podíamos nos ter retirado, mas o dever prendia meu pai à localidade ameaçada, e ficamos.

O cólera chegou, mas sem pródromos[3], sem casos isolados, atacando centenas de pessoas. A confusão foi tão horrível, e o pânico tudo avassalou. A população inteira desvairou-se, como um bando de aves bravas que fosse alcançado à noite no quieto pouso pela ofuscação do facho de astuto caçador.

A vila contava cinco mil almas, e entre tanta gente não havia um espírito que não estivesse sucumbido. As qualidades afetivas mesmo, se não haviam parecido neles, pelo menos o terror do contágio as tinha anestesiado.

Os enfermos foram abandonados, não só na choupana

do desvalido, como na casa do abastado. Ao primeiro brado de alarma todos fugiram espavoridos.

Evitavam os primeiros pesteados pensando livrarem-se do mal, mas se iludiam e eram atacados mesmo longe deles, porque todo o ambiente estava viciado; em cada molécula do ar havia um átomo da peste.

Serenado um pouco o estonteamento que lhes fechava o coração para os mais ternos afetos da vida, voltaram ao lar, e muitos o encontraram vazio!... Nessa crise assombramento, de alucinação, foram grandes as angústias da população flagelada. Para mitigar as agruras do infortúnio não tinham eles uma carícia, a consolação de uma ternura. A paz da existência os havia abandonado na hora angustiada daquele transe.

A peste tinha nivelado todos e embotado a sensibilidade até no coração amorável das mães!... Pelos tormentosos dias de nosso lar eu avaliava as aflições que iam por toda a vila.

Meu pai, falho no conhecimento sobre a patogenia do cólera, quase nada podia fazer em favor dos pesteados. Preso pelo dever à cabeceira dos enfermos, trabalhava dia e noite; e se não lhes dava a saúde ao menos lhes restituía as esperanças perdidas, levando-lhes o doce alento de uma consolação.

Poucos dias, entretanto, durou a imunidade do médico e o confronto que sentiam os doentes com a presença dele. Caiu ferido, mas ferido mortalmente. Havia chegado também para nós o dia das tribulações e pagávamos à peste nosso tributo. Em um mesmo dia todos de nossa casa foram acometidos da doença, à exceção de minha pessoa. Uma legião de micróbios invadiu nossa morada, e horas depois todos estavam derribados.

Embora a minha idade, teve o meu espírito uma noção nítida do perigo em que estávamos. Senti um desalento que me abateu todo, que me prostrou, consumindo toda a minha energia.

Meu pai, pressentindo o meu abatimento, exortou a minha

coragem, e aproveitando-se a influência que seu espírito tinha sobre o meu, insinuou-me a ideia do dever. Só pode um milagre de sugestão pôde o meu caráter, que ainda se estava formando, submeter-se sem revolta, e aceitar as ideias aconselhadas.

Havia em casa dez doentes, e eu era o enfermeiro de todos, o criado dos próprios criados.

A minha luta foi tremenda, e hoje é que compreendo quanto ela foi heroica.

Não foi a remoção das dejeções, dos vômitos, a limpeza do aposentos e dos leitos, o serviço da cozinha que mais me desalentou durante esse período de provações, porém o enterramento de minha irmã.

A pequenina havia nascido vigorosa, mas pesteada. Meu pai, na impossibilidade de ir ao quarto de minha mãe, pediu-me que lhe levasse a recém-nascida. Minhas mãos, pouco afeitas a tão delicado fardo de arminho, o conduziram com grande cuidado e carícias. Meu pai fitou a pequenina criatura e voltou o rosto para que eu não visse as lágrimas que lhe assomaram os olhos. Chorava com a certeza de que não a veria mais, porque ela ia morrer, e mais sabia ele que de todos nós seria a única feliz, porque se acabava sem conhecer a morte, sem a mínima noção da vida.

Entregou-me a pequenina, que conduzi; e ele a acompanhou com a vista, dizendo-lhe com toda a ternura de seu olhar de pai, o último, o derradeiro adeus, até que me encobri no corredor.

Vinte de quatro horas somente esteve neste mundo a criança a quem um vizinho que a veio batizar chamou de Maria.

A moléstia havia desfeito, em sua curta duração, todos os músculos do pequeno ser. Havia apenas no berço um esqueletinho vestido de pele, cor de cera branca, com os olhos abertos, num olhar morto de estátua.

Meu pai, sabendo do óbito, ordenou-me que conduzisse o cadáver ao cemitério. Aquela ordem traspassou-me todo. Onde encontraria coragem para carregar um defunto, eu que tinha medo das almas, mesmo das almas dos meninos!... Chorando, fiz-lhe ver a minha covardia. Era bem justa a minha recusa, e tão justa que ele aceitou e mandou-me que fosse chamar o batizante da minha irmã.

Grande foi o meu contentamento, e maior depois o meu desgosto, quando, chegando à casa do vizinho, soube que ele havia morrido do cólera quando voltou do batizado. Semelhante nova abalou-me todo, arrancou-me trepidações de todos os nervos; agora não era somente a alma da pequenina mas também a do vizinho que me fazia medo,

Meu pai recebeu a notícia mostrando grande ânimo, e, sem demonstrar perturbação, ordenou-me que conduzisse o cadáver ao cemitério. As palavras da ordem, vibrantes de autoridade e de energia, entraram-me no cérebro como pontas de estiletes em brasa.

Queixei-me de doente; e na verdade eu ardia em febre. Entreguei o pulso ao médico, que o examinou e, antes de proferir nova sentença, ergueu-se do leito, quis caminhar e não pôde.

– Queria ir em teu lugar; vês? Não posso andar!... vai.

Esta cena partiu-me de mágoa; e hoje é que avalio a sublimidade dela. Em minha alma de afetivo só vibraram então as palavras de meu pai e meus olhos viam-no, mas trôpego, doente, querendo ir enterrar a filha sem poder.

Decidi-me a cumprir a ordem com o sacrifício de todos os meus escrúpulos, de todos os meus temores. Abeirei-me do berço para tirar o cadáver e colocá-lo no esquife, uma caixa de papelão na qual minha mãe guardava costuras; mas quando minha vista caiu sobre o rosto do anjinho, e descobriu seu olhar morto, estagnado, fitando-se me minha pupilas, não sei como não me acabei de medo. Tive desejos de abandonar a casa, deixando os meus na mais penosa situação; e o teria feito, confesso, porque aquele cálice era por demais amargo para os meus anos, se a figura de meu pai, trôpega, vacilante, procurando embalde caminhar para sepultar a filha, não tivesse ficado dentro de mim para sugerir-me, com todo o seu poder de força espiritual, aquele grande sacrifício.

Depois de algumas investidas, consegui agarrar o cadáver e depositá-lo no esquife. O corpo já estava gélido. A frieza dele, atravessando o cueiro e a camisinha, me transiu as mãos e senti por aquela algidez de carne morta uma repugnância que me arrepiou de medo e nojo.

Estava na base do meu penoso Calvário e tinha de subi-lo até o vértice, e lá deixar o fardo que a amizade e o dever me haviam posto aos ombros.

O meu espírito teve sempre uma penetração admirável e por esse aspecto de sua psicologia pode-se avaliar de sua agudeza e também de suas agonias.

Disposto a fazer o enterramento de minha irmã, fui às ambulâncias, que eram em nossa casa, para fazer em meu corpo uma fricção de álcool e cânfora e livrar-me contágio. Cifravam-se nisso os desinfetantes e os meios profiláticos que tinham os nossos conhecimentos naquela época.

Antes de sair com o cadáver, minha mãe chamou-se e pediu-me que lhe levasse o esquife. Obedeci, e ela, coitada, mal teve forças de soerguer-se do leito e deixar o derradeiro beijo de seu amor no frio rosto da filha morta. O que muito me impressionou nesta cena não foi a ternura dela, mas a coragem de minha mãe, beijando um cadáver. Sem ânimo para mais, acenou-me que me fosse; e saí conduzindo o esquife.

La fora as ruas eram desertas, e o sol descendo verticalmente sobre a vila inundava-a de uma claridade que doía nos olhos. Ainda bem que havia muita luz, e por algumas horas ainda; mas nenhum vivente que me acompanhasse naquele esquisito caminho. Ninguém tinha mortos a enterrar? Seria possível?...

pensava, caminhando com grande pressa. O cemitério ficava a um quilômetro de nossa casa, do outro lado do rio.

À medida que me aproximava da morada da morte sentia um pavor que me atordoava. Fui caminhando quase automaticamente até, depois de galgar uma eminência, descobri o lugar dos enterramento em campo raso, a duzentos metros. Estaquei. Era chegado o instante mais angustioso daquela desesperada provação.

Animava-me a esperança de encontrar alguém sepultando os mortos, e esta esperança que me dava algum alento se desvaneceu de todo quando o cemitério caiu-me inteiro debaixo dos olhos. Ninguém vivo estava ali!... Tulhas de cadáveres se espalhavam de chão afora, uns já podres, apodrecendo outros. As pernas se me bambearam e naquele meu abandono, instintivamente, bradei por meu pai; mas num grito medonho de quem está assombrado. O meu angustiado apelo, agudo e intenso que me estonteou com as suas primeiras vibrações, foi esmorecendo de onda em onda até que se perdeu de todo e ninguém apareceu para me socorrer. Caí então em mim; lembrei-me que meu pai, por quem havia chamado com a maior confiança, havia deixado enfermo e que sabe se já não tinha morrido!... Senti-me cada vez mais abandonado e chorei, porém lágrimas tão sinceras e sentidas como ainda ninguém as chorou talvez.

Naquele acabamento moral tive uma ideia seguida pelo pânico que me abocanhava inteiro o espírito. Essa ideia, que se gerou entre os pensamentos atribuladores que me enchiam a cabeça e começou por um simples desejo, transformou-se-me em breve na mais palpitante necessidade. Dominado por ela ia sufocar em mim todos os sentimento afetuosos tão prodigamente alimentados pelas carícias do meu amoroso coração. O medo havia dissolvido em minha alma os seus mais puros e queridos afetos. Em começo deste transe o meu espírito ainda não estava de todo embotado, e tanto assim que bastou uma imagem ideal, a sombra de um ente querido, para reviverem nele os deveres da amizade. Agora não mais viviam essas visões amargas!... A figura de meu pai procurando embalde caminhar para sepultar a filha e o derradeiro beijo da minha mãe, resumindo em tão curta carícia um mundo de afetos e de dores, já não me comoviam. O meu ser já não se pertencia, não tinha afeições; era um autômato que o pânico subjugava e dirigia. Assim, violentado toda a minha piedade de afetivo, sacrificando tudo que de sensível existia em mim aquele egoísmo feroz, pensei em atirar o cadáver de minha irmã dentro de uma moita, que me ficava ao lado, e depois correr até em casa.

Ia fazer isso quando ouvi passos que se alternava com o lúgubre ranger da padiola, que conduzia à vala os cadáveres dos coléricos. Aquele ruído seco de madeira nova a se esfregar ouvia eu há uma dezena de dias, a todos os instantes, de note mesmo. E a padiola ia e vinha, sempre rangendo lugubremente, cantando a tristonha melopeia[8] da morte, e eu a ouvia aterrado porque o seu ruído me trazia a ideia dos defuntos.

O veículo passou gemendo; eu acompanhei-o. Quatro homens o carregavam. Estava menos assombrado e procurei ver se os conhecia. Olhei-os com atenção e todas as suas cataduras[4] me eram estranhas. A figura de um deles, um cabra de bigodes retorcidos e cabelos crespos e caídos na testa, me causou tão má impressão que ainda hoje conservo na memória as feições de sua carantonha[5]. Vinham todos eles embriagados. Caminhavam aos tombos, mal equilibrados, e, as passadas em falso, traziam a padiola numa incessante sacudidela, e faziam mais intenso seu lúgubre e áspero ranger. Encontrada que foi a primeiro tulha de cadáveres, pararam e virando o raso esquife sacudiram fora o defunto, que caiu teso a uma grande distância.

A barbaridade da inumação deixou-me aterrado, e mais

aterrado ainda fiquei quando verifiquei que o corpo que assim tratavam era o do batizante de Maria.

Os homens da padiola, despejado que foi o defunto, deram de marcha para a vila, e eu os acompanhei, depois de ter deixado sobre uma pilha de mortos o cadáver de minha irmã.

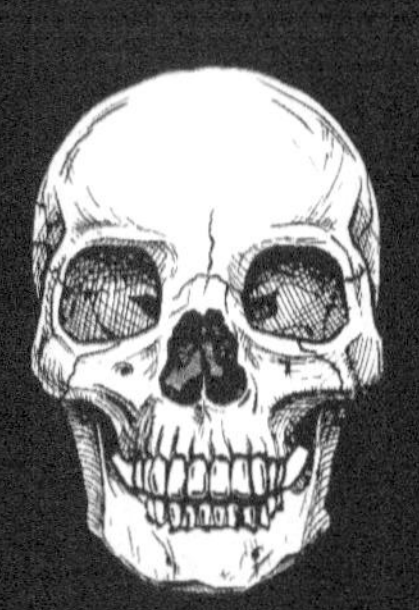

CAPÍTULO II

As ruas continuavam desertas, e o silêncio delas só era quebrado pelo cantar agoureiro do veículo da morte ou pelo ritmo agudo dos gemidos dos pesteados. E havia tanta luz no céu e tanta beleza mesmo em seu azul-claro , uma cúpula tão bonita mas para se arquear sobre um pedaço de mundo de risos e flores e não sobre um hospital de coléricos!...

A transparência do espaço, pura como a de um cristal de rocha, não a fendia a asa de uma ave ou mesmo de uma borboleta! Todos os voláteis haviam emigrado, deixando aquele meio, porque obedeciam cegamente ao instinto de conservação, mais do que nós que ficamos esperando a peste e morrer com toda a castas de atribulações.

Até os urubus haviam fugido, deixando o abundante repasto do cemitério entregue à fome da larva. Pousados nos altos piroás[6] da serra viam de lá as tulhas de podres trapos humanos e seu apurado faro, sentindo-lhes o cheiro, os cortava de gula mas crocitavam eles apenas e ficavam; não desejavam a vila.

O diáfano ambiente, que tão inofensivo parecia, estava empestado. Para que as aves o evitassem, o abandonassem, não foi preciso mais que a morte de algumas, fulminadas quando os fendiam em sereno voo. Sabiam mais do que nós, eram mais sensatas, porque fugiam do perigo, e nós o procurávamos.

Rara era a tarde, ao toque das ave-marias, que os morcegos, ao saírem das tocas, antes mesmo de muitas evoluções do ar, não caíssem mortos às dezenas, repentinamente, como varados por balas.

A mortalidade crescia na razão direta do empestamento do ambiente.

Aos pesteados não faltaram os favores da assistência pública. Quase de coisa alguma, entretanto, serviram eles. Meu pai foi substituído, mas o médico que o veio render mal teve tempo de fazer uma única visita aos enfermos: – morreu de cólera fulminante. Este fato acabou de aterrar a população. Todos podiam ser atacados pela epidemia, morrer mesmo, mas o médico, não, pensavam, porque o criam invulnerável.

A peste havia recrudescido, não por faltar medicina, não por terem crescidos os germes do mal, mas porque o pânico havia tornado mais aptos os organismos ao contágio, ao desenvolvimento dos micróbios da peste.

A epidemia tinha cegado ao seu maior grau de intensidade. Poucos eram os refratários e entre estes estava eu, graças à acidez de meu estômago de glutão, sei hoje.

O obituário havia crescido de um modo assombroso, tanto que a cifra dos falecimento subiu a setenta em um dia.

Nessa terrível colisão estávamos quando nos chegou um sacerdote de outro bispado. Era ele o padre Galindo, homem novo ainda, moreno, alto, magro e direito com sua régua. Deviam ter sido bastante desagradáveis as impressões que ele recebeu quando viu a desolação dos moradores, a qual imprimia à vila um cunho particular de tristeza, de acabamento.

Nada mais lúgubre que de a perspectiva de um lugar atacado de peste. Depois que vi os horrores da varíola em 1878 em Fortaleza, cujos os óbitos subiam a mais de mil diariamente, é que avalio da fisionomia da minha pobre aldeia, edificada em um buraco, cercada de montanhas.

A impressão que o padre recebeu foi tão intensa e tanto o comoveu que, apeando-se da cavalgadura, foi direto à matriz. O sol não tardava a esconder-se por trás do mais alto cabeço de serra, porém ainda longe estava a hora de trindades, quando o sino grande soou com toda sua monotonia de dobre, chamando os fiéis à prece.

O som do bronze ecoou mais intenso do que nos outros dias e, como um gemido rouco e fundo, foi se espalhando pela vila até que se perdeu de todo nas covoadas da montanha. Ah, como me apavorada aquele soar do sino! Ele me trazia a ideia dos defuntos dos quais eu tinha tanto medo.

O sacerdote teve, pelo aspecto da vila, uma noção verdadeira da intensidade do flagelo. Crendo na misericórdia de Deus e em sua influência sobre o destino humano, corria pressuroso ao templo e o sino badalava convidando os fiéis à oração.

De todas as habitações saíram em piedosa romaria os que podiam caminhar. Em breve a pequena igreja regurgitou de gente.

O padre, cheio de abnegação e caridade, porém sem a mínima noção de higiene pública em tempo de epidemia, reunia ali a população para ouvir a palavra de Deus e assim aplacar a cólera do Céu. Benfazejo era o seu intento, e ele, com a alma ungida do amor do próximo, não tinha consciência do mal que fazia àqueles infelizes, aglomerando-os em não saneado recinto e ainda mais abatendo-lhes o ânimo com aquelas cenas deprimentes.

Os exercícios religiosos constavam de prédica e de orações cantadas. Por infelicidade minha, nossa casa ficava na praça onde estava edificada a igreja e para que aquelas práticas mais perniciosas fossem, começavam à hora das trindades[7], tempo propício ao contágio, hora deprimente, mesmo para os que são felizes, quanto mais para os desgraçados.

Depois do sermão, que constava sempre da enumeração

das penas eternas, com um exagero dantesco, vinha o Ofício de Nossa Senhora, cantado por centenas de vozes de todas as alturas e timbres, com os falsetes do medo, e terminando-se pela – Senhor Deus misericórdia – súplica feita num ritmo pavoroso, por si só mais aterradora do que a mais tenebrosa ideia dos castigos do inferno!...

Ainda hoje conservo nos sentidos o vozear roufenho das devotas acompanhando a voz cheia do padre. Quantas vezes não corri para o fundo da casa, fechando os ouvidos com a mão para não ouvi a pavorosa melopeia dos fiéis! E lá mesmo ia ter o som, de que eu fugia amedrontado, a alternar-se com o ranger da padiola, sugerindo em mim ideias que me mortificavam porque todas elas se prendiam à morte. Deixava então o meu asilo e vinham para o quarto de meu pai, onde me julgava livre das almas, embora mais perto da igreja.

O padre era um crente, era um abnegado. Desde de que entrou na vila, não descansou mais. Di dia confessava os moribundos e enterrava os mortos e à noite fazia preces e acendia fogos nas ruas para desinfetar a atmosfera.

Não estava parado nunca; por toda parte aparecia sua figura magra, a sair dos mais infectos aposentos.

Por que se expusesse ao contágio o mal o respeitava. A sua imunidade começava a impressionar o povo que, mais por ela, que era um fato extraordinário, mas não sobrenatural, do que pelos seus atos de caridade, o acreditavam santo. E grande santo é quem somente pelo amor de Deus cuida dos enfermos e enterra os mortos.

O padre Galindo não temia a peste e nem tão pouco a morte. O seu heroísmo e sua abnegação, se eram uma doença de seus nervos, abençoada nevrose que alimenta tão puras e salutares virtudes cristãs. Quando lhe disseram que os cadáveres apodreciam em cima da terra por não haver quem os sepultasse, não se limitou a exortar do púlpito os fiéis àquela obra de misericórdia, foi ele próprio ao cemitério, abriu a vala com as próprias mãos e enterrou os mortos. Este seu grande exemplo de coragem e de piedade serviu tanto, foi tão edificante, que desde aquele dia não ficaram mais apodrecendo sobre a terra os corpos dos pesteados, embora repetidos fossem os casos fulminante na ocasião dos enterramentos.

No período mais agudo da peste foram enviados de Fortaleza doze sentenciados às galés perpétuas para o serviço das inumações. Todos esses criminosos morreram fulminados nos três primeiros dias de sua chegada, à exceção de dois que desgraçadamente vieram mais alguns dias para morrerem como os companheiros, porém depois de cometerem o mais nefando e abominável crime de bruteza humana. Contavam-se coisas horríveis desses dois monstros. As suas histórias eram tão medonhas que os meninos não podiam ouvi-las e por isso não se me as referiam.

Meses depois de acabada a epidemia, meu pai conversa com um homem muito nosso amigo sobre os horrores da peste, quando me aproximei deles ansioso pela narrativa. A minha presença fê-los calar, mas notei que ambos tinham as feições demudadas e mais ainda o estranho, cujo rosto estava numa crispação medonha.

Afastei-me, e, logo que me pus longe, o homem continuou a falar quase ao ouvido de meu pai, gesticulando, irritado, ameaçador, todo ele numa crise de ódio, de desespero. Supus que o narrador estivesse para endoidecer e mais receios tive disso quando seu desvairamento terminou-se num dilúvio de lágrimas.

Aquela história devia se muito dolorosa, pensei, e não poder ouvi-la, eu que tanto gostava de ouvir episódios dantescos!

Quando o visitante saiu, me aproximei de meu pai e perguntei-lhe por tanto chorava aquele pobre homem, isto na esperança dele contar-me o que tinha ouvido.

– Não, disse-me ele, quando fores homem, pede-lhe que te conte a sua triste história.

Dois anos depois do cólera, morria meu pai de uma moléstia, que sei hoje ser o beribéri[9], e que aparecia pela primeira vez no Ceará. Em consequência deste desastre fomos obrigados a nos mudar para Fortaleza, onde eu deveria entrar para o Ateneu Cearense[10], o primeiro e único colégio que havia naquele tempo. Deixei a nossa vila, sem sentir saudades dela: não chorei vendo ficarem os lugares de minha infância. Meu espírito almejava outro meio, porque no em que vivia tudo lhe falava mais ou menos da peste e dos horrores dela. O ranger da padiola e o "Senhor Deus, misericórdia" ainda me soavam aos ouvidos quase tão aterradores como no tempo da epidemia. Por muitos nos ainda, quando eu tinha um sonho mau, um pesadelo, eram eles episódios do cólera. Aquelas cenas haviam ficado gravadas dentro de mim talvez para sempre. Com o andar do tempo modificou-se minha psicose, ficando-me, entretanto, dentro do cérebro, as mesmas imagens, porém, menos nítidas, meio apagadas.

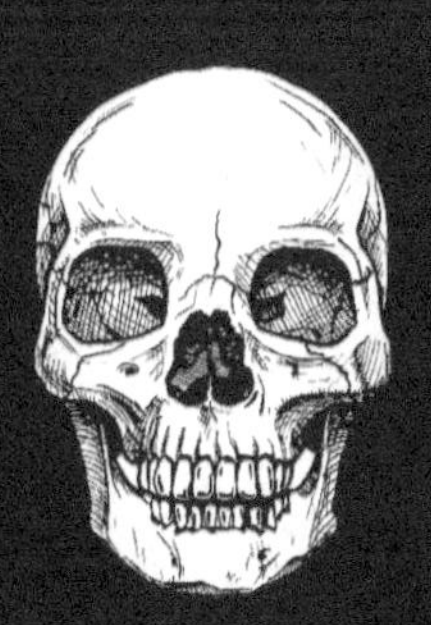

CAPÍTULO III

Os anos passaram, mais de vinte, talvez, quando voltei à minha antiga vila, cidade hoje. Como a achei mudada... Só a natureza era a mesma com as suas montanhas azuis e os seus regatos cristalinos e cantantes. A casaria havia aumentado e melhorado de arquitetura. Em algumas já se viam os serpentões[11] nas cornijas[12] tão em moda na capital, os quais a primeira intendência republicana em Fortaleza, encontrou e acabou por aboli-los, como se aquelas falsas hidras contrárias ou maquinassem contra o regime democrata.

A matriz tinha sido reedificada com maiores acomodações. Lá fui visitar o meu antigo padroeiro e advogado da peste, São Sebastião: era o mesmo; nada o tempo tinha alterado nele, lá estavam a mesma laranjeira verde e o vivo sangue a gotejar do lado. Olhei-o com afeto, como um amigo que se vê depois de prolongada ausência, e ele me fitou, como costumava fitar os que o olhavam, lançou-me seu olhar moto de imagem. Senti, vendo o santo, um vazio na alma que havia deixado a fé da infância. Quantas saudades tive então das minhas crenças, daquele tempo em que, com toda a inocência de minha idade, com todo o meu coração de simples e com um fervor que já não existe, me prostrava para pedir a São Sebastião para livrar da peste a mim e aos meus, prometendo-lhe uma vela de cera branca. Como era inocente e feliz, muito mais feliz do que sou hoje, que não tenho medo das almas! E, no entanto, eu amava o santo, respeitava o mártir e me alegrava vendo-o.

Saí da igreja e a imagem foi acompanhando-me com a vista até que me encobri no adro. Era hora das ave-marias e o sino tocava trindades. Descobri-me, perfilei-me e intencionalmente caíram os meus olhos sobre a nossa antiga casa. Todas as cenas do passado vieram então em mim, e a figura do meu pai, em todo o vigor de sua mocidade, viram os meus sentidos. Parecia-me realmente vê-lo, como o via todos os dias àquela hora, descoberto, de pé à primeira badalada do sino, a rezar O Anjo do Senhor, tendo ao seu lado uma criança que também rezava de mãos postas. E era eu a criança que vinte anos depois, homem quase desiludido, aquela visão com sua misteriosa força espiritual fazia orar a hora das trindades!...

Ninguém me conheceu na cidade!... Passei no meio de sua população como um desconhecido. E quem me podia reconhecer? Os meninos de meu tempo estavam também homens e eram outros os seus rostos e o seu talhe. Comecei a me sentir mal entre aquela gente. Todos me olhavam com curiosidade. Poucos eram os que havia deixado homens e que reconhecia: mas me conservava incógnito. Não sei por que tinha o coração fechado. Não era a perspectiva do lugar, então alegre pela paz e prosperidade de seus habitantes, que me entristecia, mas um não sei o quê de melancólico me amofinava o espírito.

Entre toda aquela gente uma figura me arrancou um pouco ao meu desalento e me fez sentir uma vaga saudade dos dias da infância. Foi ela a preta Rita, vendedora de doces e que tantos anos depois me aparecia, já velha, mas forte ainda, com seu tabuleiro à cabeça, coberto com uma toalha de rendas sempre branca e engomada. Vivi por alguns instantes a minha vida de menino, saboreando os doces que guloso comia e que me fizeram dispéptico por toda a vida. A velha passou, olhou-me, mas não reconheceu o seu antigo freguês.

E assim passei na cidade, sempre triste, e a teria deixado incógnito se no dia da minha partida não tivesse encontrado à porta de uma de suas melhores casas um homem que reconheci logo à primeira vista ser o que tinha, chorando, narrado a meu pai sua triste história. Não o havia esquecido nunca; fora mesmo da providência, me lembrava dele e quando contava aos companheiros de estudos os horrores do cólera prometia procurá-lo e lhe escrever a história.

Olhei com atenção: eram as mesmas feições, porém bastante amarguradas pelo tempo e pelos sofrimentos. Os seus cabelos estavam todos brancos. Era sem dúvida o desgosto a causa de sua velhice prematura.

Saudei-o, e ele sem ligar importância à minha pessoa retribuiu friamente o meu cumprimento. O meu amor próprio, de uma sensibilidade extravagante, quis molestar-se com a falta de cortesia, e talvez continuasse o meu caminho se as palavras de meu pai: – quando fores homem pede-lhe que te conte a sua triste história – não tivesse ouvido naquele momento tão claramente como quando foram proferidas.

Aproximei-me do velho, que, sem levantar a vista do chão, esperou que lhe dissesse o queria dele.

Vendo que não se dignava a me olhar, disse-lhe:

– Faz vinte anos que eu o vi. Eu era muito criança ainda, mas me lembro de sua aflição e de suas lágrimas. Contava o senhor uma história ao médico deste lugar, que era meu pai, e essa história deveria ser bastante dolorosa e bastante horrível porque ele não me quis repetir. Vejo quanto tem padecido, de quanto é capaz o sofrimento! Deixei-o moço e o encontro velho!... Não foi a idade, estou certo, que lhe branqueou os cabelos, que lhe abriu nas faces esses profundos sulcos, que lhe apagou quase a luz dos olhos e o brilho deles, deixando-os estagnados diante de uma imagem que não se separa de sua lembrança, que vive dentro de sua cabeça. É a história dessa visão, que durante vinte anos lhe tem gasto as energias do espírito, lhe tem morto todos os desejos da carne, lhe tem consumido todas as esperanças do coração, que desejo conhecer. Quando o senhor contou-a a meu pai, pedi-lhe que me repetisse e ele negou-se, dizendo-me que, quando eu fosse homem, o senhor me contaria. Estou na idade de ouvi-lo e espero que não deixará de satisfazer a minha curiosidade.

O velho levantou a vista e olhou-me com olhar doentio, com um olhar de ovelha. Queria talvez encontrar em minha fisionomia a identidade de minha pessoa. Não podendo pelo meu rosto reconhecer-me começou sua narrativa, falando do médico da antiga vila, mas de um modo tão lisonjeiro que me encheu de contentamento. Os seus conceitos eram sinceros, porque eram de um homem sem ódios e sem aspirações, vivendo por uma fatalidade dentro do próprio cadáver, indiferente como um extinto ao Bem e ao Mal, só podia ser a sua linguagem a da verdade e por isso me orgulha de ouvi-lo concretizar as suas ideias em belíssimas imagens sobre a caridade de meu pai. Falava sem emocionar-se e sem dar mostras que percebia comoção que me causavam as suas palavras. Feito o exórdio, entrou na narrativa. Pensei que ele transfigurasse, mas iludi-me; continuou sereno, e com firme entonação de voz me relatou as páginas que se vão ouvir.

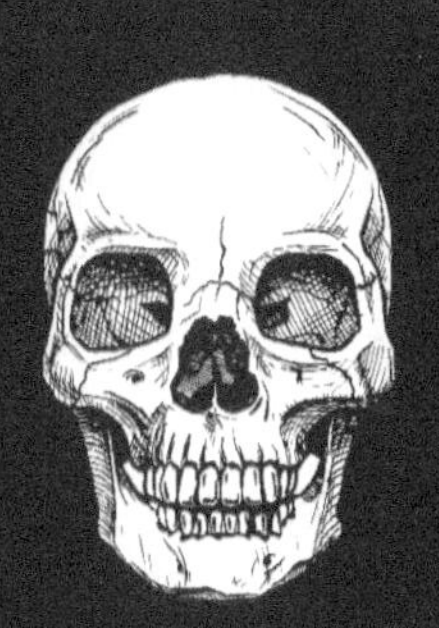

CAPÍTULO IV

Eu tinha vinte anos, era terceiranista de direito e estava passando aqui as férias com minha família, quando apareceu o cólera-morbo. Ao primeiro grito de alarma a população ficou aterrada, como se ela fosse um rebanho de carneiros cercada por uma manada de lobos. Fortes foram os que evitaram o contágio retirando-se da vila. Fiquei por minha mãe, que já tinha morrido, e de quem eu era o único filho, não quis sair. Ela, coitada, acreditava, como a maioria dos ignorantes fanáticos, ser a peste uma manifestação da cólera de Deus, um castigo de nosso crimes e que devíamos obedecer de cabeça baixa e não procurarmos fugir dele. Eu absolutamente não comungava das ideias de minha mãe e tanto que, conhecendo a gravidade da situação, lhe pedi por tudo para abandonarmos a vila. Obstinada como todo obcecado, não a demoveram os meus rogos e ficamos esperando estupidamente o castigo do céu. Ela ainda era crente, ainda rezava, pedia e confiava na misericórdia de Deus, e eu nem isso fazia, porque se a peste fosse um agente de destruição, mas obra da Divindade, não mataria os pequeninos, os inocentes, e via todos os dias essas pequenas vítimas irem para o cemitério. Um dia mostrei à minha mãe a padiola cheia de cadáveres de crianças, e ela, achando o fato muito natural, disse-me que Deus castigava os pais matando os filhos. Por mais absurdo que a mim parecesse esse modo cruel de castigar, nada lhe disse, e para que? Ela estava completamente convencida dessa inverdade.

A peste tomava dia a dia maiores proporções. Pela manhã ninguém podia afirmar, estando mesmo de perfeita saúde, se seria vivo à noite. Se seu pai vivesse poderia confirmar o que lhe estou dizendo. Eu temia a peste, não tanto por mim e minha mãe, porém por minha noiva. Amava uma linda moça de quinze anos, filha de um vizinho nosso. Havia dois meses que tínhamos feito os nossos esponsais, e nos casaríamos dentro de um ano. Se não tivesse morrido para sempre em mim a linguagem afetuosa dos amantes, lhe contaria o nosso idílio. Quantas ilusões me nasciam das carícias dela e como era esperançoso o nosso viver!

A peste crescia, e todos os dias eu ia, logo ao alvorecer, pedir novas de minha noiva. Alguém me dizia que o cólera a mataria; mas este alguém era invisível – apenas sua voz soava nos recessos da alma. Uma manhã, quando eu voltava daquele obrigação imposta pelo meu amor, me senti mal. Um quebranto esmorecia-me todo, empurrando-me para o leito. Estava pesteado, conheci, e me apavorei, não ante à ideia da morte, mas ante à certeza terrível de deixar a minha amada para sempre.

O mal evoluía em mim com incrível rapidez. Começou por náuseas, que logo se transformaram em vômitos, mas em vômitos que não paravam. Vieram as dejeções com a mesma frequência, mais de trinta por hora. Estava desmanchando-me em águas; o que saía de mim era somente líquido. Em poucas horas a moléstia tinha me dissolvido toda a carne do corpo, só deixando a pele e os ossos! A minha figura devia estar hedionda, repelente, e no entanto, ela, que me servia de enfermeira, que viera pôr-se ao meu lado, logo que soubera estar eu pesteado, não procurava evitar-me as feições, não mostrava nojo de mim. E eu devia estar nojento, como um esqueleto sujo. Ao passo que a carne me desaparecia do corpo, o espírito tornava-se mais lúcido, mais claro o meu entendimento.

A abnegação dela, assistindo a todas as fases do mal que ia me consumindo e ia, aos pulos, me roubando dela, bastante me comovia. Que delicada enfermeira! Eu não tinha mais lábios para dar direção ao vômito que me saía por toda a abertura da boca, e quantas vezes, por isso, aquela aguadilha infecta e morna não lavou as mãos dela, o rosto mesmo!... Só o amor é capaz desses milagres de dedicação; só a mulher tem esses rasgos de heroísmo.

Sentia que estava acabando-me e maldizia a tirania da doença em conservar a luz da razão. A carne já estava quase toda consumida e cada vez mais se aguçava a minha sensibilidade moral, mais delicado se fazia o meu sensório.

A luta de morte em que se abatiam o meu corpo e o mal não podiam durar sempre. Aproximava-se o termo do terrível duelo. Eu não tinha mais carne, e no entanto ainda tinha nervos para sentir a miséria de minha animalidade sujeita às tristes contingências da vida.

Uma febre horrível me abrasava as entranhas, e eu pedia à minha enfermeira, por Deus, pelo nosso amor, uma gota de água, um somente, para me refrescar a língua, que se crestava como uma folha de feto que caíssem no borralho de uma forja. Ela me olhava com seus grande olhos pretos, nadando em lágrimas e me recusava o líquido, dizendo que me faria mal. Quanto lhe devia custar a prática daquela estúpida prescrição, um dos preceitos mais recomendados pela medicina daquela época aos doentes de cólera!... Não podia conformar-me com a sua crueldade e para comovê-la como se o seu coração não fosse um cofre de piedade, de afetos, pus as minhas mãos de esqueleto em súplice postura, olhei-a de dentro de minhas fundas órbitas de caveira e lhe pedi por tudo uma gota de água, uma somente, para me refrescar a língua.

Ela não resistiu à súplica; e mais comovida talvez com o

atentado que ia cometer contra a minha saúde do que com as torturas de me impunha a sede, se aproximou de mim trazendo na extremidade do seu dedo mimoso um pingo de água.

Estirei a língua, e naquele trapo, semelhante a couro curtido, caiu a gota, que se embebeu subitamente, como o orvalho da noite nos secos areais dos desertos.

Aquela frescura durou um instante, mas depois senti outras gotas, que me caíam na boca, mornas, salgadas; eram as bagas de seu pranto e que bebi sedento.

Sentia que estava me acabando, que meu corpo não tardaria a cair em terra para a derradeira decomposição que os vermes começariam, mas que pobre seria o repasto que me mim deixaria a peste para lhes saciar a gula. Tênue era o fio de vida a se partir a cada instante.

Estava quase morto, e no entanto, viviam os meus sentidos como nos melhores tempos de saúde. A minha sensibilidade moral não se embotava e nem tão pouco languescia a minha percepção. Haveria em mim alguma coisa mais do que a peste dissolvia e eliminava do meu corpo? Existia, sim, porque minha carne estava reduzida a menos de um terço e não diminuía o meu entendimento. Havia uma força imaterial que a peste respeitava, que não era atacada pelos micróbios do mal. Sentia perfeitamente a existência dessa entidade sutil dentro de mim.

Minha enfermeira, profundamente abalada por essa derradeira cena, afastou-se e continuei com a língua estendida, esperando um gota mais para me aliviar a sede. Esperei, mas embalde; ela não voltou! Fiquei só, e quanto me custou esse desamparo?! Eu era quase um cadáver, porém com a sensibilidade de um homem são e afetivo. O mal progredia em mim e eu tinha consciência disso. A algidez que me gelava a pele era tão intensa que eu sentia o ambiente morno. E ela havia me abandonado na hora suprema, no momento em que eu ia morrer!... Ah, como fui injusto em meu egoísmo de amante desprezado!... Uma luta terrível travou-se então em mim – e de meu amor-próprio ultrajado com o desejo de chamá-la a meu lado, desejo nascido do temor que me fazia aquele desamparo. E venceu o instinto de conversação – quis chamá-la mas não pude; já não tinha voz, a palavra morreu-me no fundo da garganta e não foi articulada. Uma série de cãibras, que torciam os músculos de todo o corpo num doloroso espasmo, começou; era chegada a última agonia daquele transe, pensei. Apavorei-me de todo; quis gritar por ela e não pude. Deste derradeiro esforço no qual gastei a última parcela de minha energia, se é que em mim ainda havia esta força, gerou-se uma cãibra mais forte que me chegando ao coração o estrangulou em repetido espasmos. Perdi os sentidos; morri para os que minutos depois vieram me ver.

Seriam seis horas da tarde quando tornei à vida, duas horas depois de minha suposta morte. Acordei precisamente no momento em que dois carregadores de defuntos me atiravam dentro da padiola. Nunca mais esquecerei os primeiros instantes da minha ressurreição. Bastaram poucos segundos para que eu me relacionasse com o meio e para que se gerasse dentro de mim a dolorosa ideia de meu enterramento! Ia ser enterrado vivo e já sentia o peso da terra me esmagando o corpo e me afogando o vazio da cova. Sensação mais angustiosa poucos terão sentidos, ainda os mais desgraçados na dolorosa peregrinação por este vale de lágrimas. Fiquei completamente aniquilado. Antes, porém, de se submeterem à vontade dos que me iam enterrar, revoltaram-se todas as minhas fibras sensitivas, mas de nada serviu a sua revolta, elas ordenavam, porém não eram obedecidas, nem um músculo se mexia para satisfazê-las.

Quis acenar para os carregadores e não pude!...

Quis ao menos pôr nas linhas de meu rosto um traço que denotasse que eu vivia, um ar de vida finalmente, e a pele, que me engelhava como amarrotado pergaminho sobre a caveira, se conservava imóvel, como de pedra, e com o mesmo aspecto terroso e mortuário.

Tentei falar com os olhos, com os quais eu tantas vezes tinha dito a ela o que se me passava na alma, mas eles não podiam falar, estavam semi apagados dentro de suas fundas covas.

Hirto, imóvel, gelado, quem não me julgaria morto? E eu estava vivo, sabia que me iam enterrar e não podia evitar aquele terrível desastre.

Os carregadores deixam-me na padiola e entraram.

O sol já se tinha escondido de todo por trás da montanha, mas a vila saiu da sombra da serra iluminada pela lua, que quase em plenilúnio mostrava o seu disco luminoso muito acima do horizonte.

Os carregadores voltaram trazendo um corpo que atiraram sobre o meu. Recebi em cheio o choque do cadáver, que me sacudiam em cima com o maior desrespeito e que se estirou ao longo do meu corpo ficando unido o seu rosto ao meu.

A ideia deste íntimo convívio com um morto arrepiava-me de repugnância. Eu estava álgido, mas o meu companheiro ainda era mais frio do que eu; a friagem de suas faces me transia a pele do rosto até a caveira. Se pudesse mover-me teria evitado aquele contato, mas não tinha forças para estirar ou encolher um músculo.

Resignado estava a suportar a companhia do defunto até o cemitério ou mesmo até a vala, quando a luz da lua, caindo em cheio sobre os nossos rostos, fez com que reconhecesse o morto. Era ela com toda a sua carne e toda a sua formosura que se unira a mim naquele derradeiro abraço à beira da sepultura. Comecei a sentir que não estava tão só e tão desesperado. E bem podia ser que ela não estivesse morta, que estivesse como eu. Esta esperança de salvação durou somente enquanto a padiola descansou; logo que a puseram em movimento, que começou a ranger, que as suas sacudidelas trouxeram os nossos corpos em um constante atrito, me julguei perdido. Se ela não estava morta, morreria afogada debaixo do chão; igual sorte também seria a minha. Como devia ser horrível não ter ar para a articulação de uma palavra, uma somente, menos ainda, uma interjeição, mas que resumisse, em sua breve sílaba, todo o nosso horror, toda a nossa angústia!... E a padiola, cada vez mais lugubremente, rangia, e dentro dela dançavam os nossos corpos, movidos pelo passo incerto dos carregadores.

Como eu achava hedionda a figura dos cocheiros! Tinha-os reconhecido; eram os dois galés, únicos que escaparam do contágio. Se ao menos pudesse gemer para saberem que levavam alguém vivo, mas nem isso podia fazer e, se o fizesse, o ranger da padiola engoliria os meus ais antes de serem percebidos.

E o esquife a cantar sua lúgubre melopeia e a sacudir-nos os corpos nos levava à cova e eu sentia o horror de meu enterramento. E ela, quem sabe, se também não estava viva e horrorizada com a ideia de ser enterrada ser estar morta!

Não, a sua frialdade era de defunto. Em um dos solavancos da padiola os seus lábios se colaram às minhas gengivas num rápido beijo, e senti que eles eram de gelo e me repugnaram tanto que se eu fosse senhor de mim os teria afastado e repelido mesmo.

A distância de nossas casas ao cemitério era de pouco mais de um quilômetro. Os carregadores depressa a venceram. Quanta mais se aproximava do termo daquela dolorosa viagem, mais me horrorizava o fim trágico que me esperava.

Quando passamos pela igreja, as devotas rezavam as suas orações, acompanhando a voz estridente do padre a pedir – Senhor Deus, misericórdia!... Senti-me todo aniquilado; aquela súplica me soava aos ouvidos como se rezassem o meu réquiem.

A minha vista estava tão curta que olhando a matriz, mal

enxergava a fachada até a altura das portas. O meu cérebro, entretanto, funcionava bem, e pude então avaliar o seu poder.

Nos poucos minutos que gastamos para chegar ao cemitério escrevi mentalmente um sentido poema de recordações. Senti uma saudade da vida, que me traspassou todo. Não podia conformar-me com a morte; o que me angustiava, não era o acabamento, era morrer moço, era ter apenas vinte anos e ser enterrado vivo!

Que funda mágoa tive e como amaldiçoei o meu destino!...

Assistia, partido de saudades, o desfilar de todas as minhas ilusões, de todas as minhas esperanças, que incorporadas seguiam caminho da morte e que em breve cairiam na cova. O meu infortúnio era de tal ordem que para ele não podia haver resignação possível. Em uma dessas crises de desespero, em uma dessas ânsias de viver, fitei o rosto dela, pálido como o de uma Vênus de mármore e mais frio ainda do que gelo. Estaria morta ou, como eu, assistia ao funeral de todos os seus desejos, de todos os seus sonhos?

E a padiola rangia, rangia e ela não dava sinal de vida.

O veículo calou-se, ouvi um dos carregadores dizer: – chegamos; e fomos despejados desumanamente no chão, como fardos inúteis. O choque me abalou o esqueleto, mas não produziu em a menos dor. Caí ressupino sobre um cadáver, cujo peito me serviu de travesseiro. Ela, mais tesa do que eu, recebeu mais impulso e se estatelou um pouco mais adiante de mim.

Era chegado o instante supremo, o momento de esgotar até às fezes o cálice da agonia.

A lua estava clara como o dia, e eu não perdia de vistas os celerados, que não tardariam a me arrastar para a valar. Esperava-os completamente acovardado. Só por um milagre escaparia de um tão trágico gênero de morte. Lembrei-me então de Deus, eu que fazia alarde de minha falta de Fé!... Foi preciso esta provação para eu conhecer quanto o homem é miserável e quanto é necessário no sofrimento a ideia de um ser sobrenatural que lhe possa aliviar as penas. Posteriormente em espírito eu orei. Pedi, mas pedi sem aquela confiança, aquele fervor com que pedem os crentes. Ainda bem não havia concluído a súplica e vi que os galés, depois de uma ligeira conversa, que não ouvi, se aproximavam do corpo de minha noiva. Iam enterrá-la, ela parecia morta, mas bem podia ser que, como eu, estivesse viva.

Meus olhos, embora sepultados como estavam nos fundos buracos da caveira, viam bem o que se passava perto deles.

Um dos carregadores, depois de mirar o rosto do cadáver, apegou-se a ele e arrancou-lhe os brincos das orelhas e os anéis dos dedos. Ah! Como me doeu na alma aquela primeira profanação! Foi grande a revolta que senti, mas não tinha músculos nem forças e continuei imóvel. Despojada se suas joias, algumas das quais tinham sido presente de noivado, e que os galés repartiram entre si, ela ia repousar aos quinze anos, para sempre, de todas as fadigas desta vida. Como me iludia, para aquela desventurada criatura a morte não seria a posse do descanso.

Os dois celerados, depois de recolhido o saque, sentaram-se e um deles sacou um baralho do bolso. Começaram a jogar. Eram as joias dela que jogavam, pensei. Riam e palravam e, ante aqueles sons mal articulados, deformados mesmo pela língua perra de embriaguez, percebi uma palavra que me fulminou. Bem podia ser que me houvesse enganado, dizia dentro de mim a voz da Esperança, talvez para não morrer de todo, como se eu já não fosse um morto.

A posse daqueles objetos, penhores do meu amor, pertencendo a outro homem me ralava de ciúme, me desonrava enfim! E mal sabia eu que eles jogavam uma coisa mais preciosa do que as joias que tinham furtado; jogavam o corpo dela.

Um deles ganhou, e seria dele o que sonhei tantos anos pertencer a mim e somente a mim. Essa ideia me assaltou a mente gerada pela palavra que tinha ouvido; e eu que supunha já ter chegado à vasa do mar das amarguras, já ter tocado as fezes do cálice da agonia, vi que ele ainda estava cheio e que havia de esgotá-lo!...

Era demais aquela provação e, numa crise de justo desespero, pedi a Deus, não a vida, mas a morte, trágica embora como se me apresentava. Deus não me ouviu e conservou-me vivo dentro do meu próprio cadáver; inerte, desprezível em minha impotência de morto!...

Estávamos à mercê de dois monstros dominados somente pelo instinto bestial. Ela seria vítima inconsciente daquela cena de bruteza humana, e eu seria a vítima consciente; padeceria por mim e por ela, o ultraje, a vergonha e o ciúme, e por cúmulo da miséria, ter o espírito vivo dentro de um corpo morto.

Ela dormia o derradeiro sono, amortalhada no roupão de cassa cor-de-rosa, que vestia quando a peste fulminou-a. O mal não teve tempo de lhe alterar as formas, matou-a repentinamente como se lhe atravessasse o coração com uma bala. Não sofreu, nada sentiu e muito branca e muito bela, parecia adormecida, com o ar do rosto numa expressão angelical. Os seus traços de estátua, que antes o mal os tivesse apagado, banhados pela luz doce e suave do luar aguçaram mais nos celerados os instintos bestiais.

Em caminho para o cemitério eu pensava ser o maior suplício o enterramento de uma criatura viva, e mal sabia que a escala do sofrimento humano é como espaço, não tem fim, e que outro suplício, tão atroz que não se define, estava reservado para mim.

Os carregadores de defuntos ambos eram mestiços, de feia catadura e de uma carnação tão vigorosa que os dias da cadeia, numerosos embora, não puderam sequer amolecer-lhes a musculatura.

Eu não sabia, até então, de quanto é capaz o instinto bestial; não avaliava a perversão do homem que se deixa dominar pela animalidade. A carne havia triunfado nas bestas humanas, à mercê das quais estava a virgindade dela e a paz de toda a minha vida. Eles tinham perdido a razão e com ela todos os escrúpulos da moral. Nem o espetáculo da morte e nem tão pouco o receio da peste embotavam nos celerados os lúbricos desejos carnais!...

O que havia ganho o cadáver, e que devia violá-lo em primeiro lugar, ergueu-se e caminhou para o corpo. Não posso explicar o que se passou em mim quando me convenci que ia ser consumado ali o mais nefando delito de bruteza humana. Quis erguer-me e livrá-la de ser prostituída depois de morta e não pude!... Por maior que fosse a revolta que eu sentia, por mais intensa a descarga nervosa vibrada em meus músculos, estes não se mexeram e fiquei imóvel!... Como me doeu a minha nulidade!... Como me acabrunhou a minha inércia!... O meu eu havia percorrido em poucas horas todas as etapas de sofrimento, passado por todos os estádios da tortura, acredite! E, coisa estranha, eu sentia, sem que quisesse, nas ruínas do meu acabamento, em presença daquela cena carnal, uns frêmitos de sensualidade, ânsia da carne, que ainda não tinha de todo perecido!...

A dissolução é a glorificação da matéria, o triunfo da animalidade; me convenceu o que vi e senti.

Os dois monstros, cada qual mais repelente pela sua moral, mais imundo pelo seu físico, mais asqueroso pelos seus vícios, indignos mesmo do amor de um cadáver, cevaram-se à farta na virgem morta, enquanto adormeci ou desmaiei!...

Quando voltei à vida já era dia e o sol dardejava, erguido bastante no horizonte, como se fosse uma esfero fulgente de prata boiando num tranquilo lago anil. O meu acordar foi uma das páginas mais tocantes desta tragédia. Custei a ter uma noção exata de minha pessoa, do lugar e do tempo. Não posso bem definir o estado de meu espírito quando despertei. Tive uma sensação de vazio na cabeça, depois do atordoamento, ideias se atropelaram, se baralharam em uma confusão de loucura, depois as imagens dos objetos que me cercavam foram se individualizando, tomando formas mais nítidas, e percebi o meio e me reconheci. Despertos todos os meus sentidos, na posse de meu entendimento, lembrei-me da cena, que assistia quando adormeci, porém não como um fato real e verdadeiro, mas como um sonho mau. E continuariam a ser para mim um pesadelo aquelas reminiscências, a terem o valor de uma extravagante alucinação, se meus olhos não confirmassem a tristíssima verdade caindo sobre as formas dela completamente expostas. Um espasmo me sacudiu todo e ressuscitou a vida de meus músculos. Quis erguer-me e sentei-me. Olhei o sítio; era o cemitério dos coléricos. Pilhas de mortos apodreciam ao tempo!... Não me demorei na apreciação daquele triste lugar. A minha cabeça estava toda cheio do monstruoso atentado da derradeira noite. Pus-me de pé, cambaleando é verdade, mas firmei-me e fui ao lado dela. Não que natureza de sentimento tive quando palpei a dolorosa verdade que minha razão teimava em fazer um sonho. Nem havia dúvida, ela tinha sido violada; suas formas continuavam expostas e os autores do nefando crime, mortos em nudez obscena a poucos passos dela!... Naquele instante não posso definir o que se passou em mim; meu espírito desceu, desceu até topar a vasa do oceano tormentoso da agonia. Tudo estava em trevas dentro de meu cérebro e quando clareou-se a vista e a razão, foi ela que viram os meus olhos, mas profanada e morta! Acheguei-me ao corpo sem olhá-lo, sem profaná-lo com a luz de meus olhares, com o mais profundo recolhimento e piedade, cobri-o, com suas próprias vestes. Quis depois, sepultá-lo, lançá-lo dentro de uma vala aberta perto de nós e não tive forças e nem coragem. Mandaria mais tarde prestar-lhe esse serviço.

Ao deixar o cemitério senti uma necessidade imperiosa de

vingar-me dos celerados que para sempre me haviam roubado a paz do espírito. Como me vingaria se eles estavam mortos?!...

Aproximei-me deles e numa ânsia de vingança, numa crise de ódio, de desespero, pisei-lhes os rostos com os pés, como se eles pudessem sentir a ofensa física ou se revoltar com o ultraje e eu tivesse força para esmagá-los.

E saí, com o passo vacilante, em rumo à vila onde o senhor me encontra vinte anos depois, ainda enclausurado dentro de mim, evitando o convívio dos homens e chorando a viuvez do meu espírito.

NOTAS

1 - A ***praticagem*** (no Brasil) e ***pilotagem*** (em Portugal) é o serviço de auxílio oferecido aos navegantes, geralmente disponível em áreas que apresentem dificuldades ao tráfego livre e seguro de embarcações, em geral de grande porte. Tais dificuldades podem ser relativas a ventos, estado do mar, lagos ou rios, marés, correntes, bancos de areia, naufrágios, visibilidade restrita, entre outras. O prático (no Brasil) ou piloto (em Portugal) é um profissional habilitado por concurso público elaborado pela Marinha do Brasil e que possui o conhecimento das águas em que atua, com especial habilidade na condução de embarcações, devendo estar perfeitamente atualizado com dados sobre profundidade e geografia do local, o clima e as informações do tráfego de embarcações. É também o responsável pelo controle e direcionamento dos rumos de uma embarcação próxima à costa, ou em águas interiores desconhecidas do seu comandante. Presta relevante serviço público delegado nos mesmos moldes dos oficiais de cartório. A praticagem das principais nações marítimas organiza-se de forma semelhante com base nas convenções internacionais, ratificadas por cada país. Com sua habilidade e profundo conhecimento local permite o emprego de navios de maior porte, com máxima segurança dentro dos limites hidrográficos do Porto, otimizando o escoamento das cargas de interesse da região, tendo sempre presentes as responsabilidades com a proteção da vida humana, a preservação do meio ambiente aquático, a manutenção da navegabilidade nos canais de acesso

e a proteção do patrimônio público ou privado envolvido na manobra, ou sejam: navios, rebocadores, lanchas e instalações portuárias. Prático-Mor é denominação dada à pessoa que assume uma posição de liderança entre os que exercem a praticagem.

2 - ***Galés*** são antigos navios, de borda baixa, movidos a remo, mas também dotados de dois ou três mastros. Tinham de 15 a 30 metros de comprimento e eram movidos geralmente por condenados ou escravos, daí o autor, em todo o corpo de sua narração, usar o termo de forma pejorativa para referência aos carregados de cadáveres. Galés eram os condenados enviados pela capital, Fortaleza, para executar o tão hediondo e repugnante serviço de recolher os corpos dos pesteados, conduzi-los para fora dos vilarejos, e enterrá-los aos montes em valas ou covas rasas e compartilhadas, sob promessa de redução ou anulação da pena. Mas como o autor relata, pouquíssimos foram os que sobreviveram à tétrica função.

3 - Na medicina, ***pródromo*** é um sinal ou grupo de sintomas que pode indicar o início de uma doença antes que sintomas específicos surjam.1 O termo é derivado da palavra grega prodromos ou precursor. Pródromos podem ser sintomas não-específicos ou, em alguns casos, podem indicar claramente uma doença em particular, como a aura prodromal da enxaqueca. Febre, mal-estar, dor de cabeça e falta de apetite são sinais de pródromos que frequentemente antecedem distúrbios infecciosos. Um pródromo pode ser o precursor do surgimento de um distúrbio neurológico crônico, como a enxaqueca ou a epilepsia, nos quais o pródromo inclui euforia, escotoma, desorientação, afasia ou fotossensibilidade.

4 - ***Catadura*** é a expressão do rosto, a feição de animal ou de pessoa, o aspecto, a aparência. É também uma condição espiritual que se manifesta no comportamento e nas atitudes. O ânimo ou disposição.

5 - ***Carantonha*** é uma expressão de "cara feia", uma carranca, um esgar. Em linguagem antiga, era a figura disforme que decorava os assentos, cadeiras e almofadas do século XV, poderia ser esculpida, bordada ou pintada.

6 - ***Piroá*** é uma grande árvore nativa do Nordeste Brasileiro.

7 - ***Hora das trindades*** é a hora da tarde em que se rezam as ave-marias. Toque ou conjunto de badaladas para anunciar essa reza ou chamar os fiéis a rezar as ave-marias. O mesmo que Angelus.

8 - ***Melopeia***: do grego μελοποία (*melopoia*), de μέλος (canto) e ποιέω (eu faço). É uma peça de música ou toada musical que serve de acompanhamento a um recital ou poesia.

9 - O ***Beribéri*** é uma doença provocada pela falta de vitamina B1 (tiamina) no organismo; caracterizado por alterações nervosas, cerebrais e cardíacas.

10 - ***Ateneu Cearense***: Fundado em 08 de janeiro de 1863, na Praça do Ferreira, por João de Araújo Costa Mendes e Manuel Teófilo da Costa Mendes, irmãos, oriundos de Boa Viagem.

11 - ***Serpentões*** eram formas decorativas dadas aos canos de escoamento da água chuva que caiam sobre os telhados, eram feitos de zinco e atrelados à cornijas das casas segundo o, costume de então. Eram chamados de Serpentão, pois em sua maioria, recebiam a forma de uma serpente.

12 - ***Cornija*** é um termo usado em arquitectura e na montanha e refere-se a uma faixa horizontal que se destaca da parede. Moldura que remata o entablamento de uma coluna. Ornatos salientes na parte superior de uma parede, porta ou pedestal. Do qual saíam cabeças de serpentes, jacarés, dragões, feitas de zinco, destinadas a esgotar a água dos telhados durante as chuvas.

Rodolfo Teófilo

Vida e Obra

Rodolfo Teófilo aos 50 anos

Rodolfo Marcos Teófilo (1853 - 1932), filho de Marcos José Teófilo e Antonia Josefina Sarmento Teófilo, foi um escritor brasileiro, cearense, de estética literária regional-naturalista, além poeta, documentarista, contista e articulista. Pobre e órfão, foi educado pelo Barão de Aratanha que o matriculou no Ateneu Cearense, contudo, deixou os estudos para ser caixeiro-viajante. Formado farmacêutico, em 1875, pela Faculdade de Medicina da Bahia, desenvolvendo logo o pendor para o cientificismo característico na sua obra.

Diplomado, comandou primeiro uma farmácia em Pacatuba, depois na Fortaleza. Foi mais tarde professor de ciências naturais na Escola Normal e membro de diversas sociedades culturais. Sua obra ficou marcada pela literatura naturalista em que é mostrada a seca no nordeste e os flagelados. Empreendeu, sem apoio governamental, uma campanha de vacinação contra a epidemia de varíola que se alastrava na cidade. Por causa disso, foi perseguido durante o governo de Antônio Pinto Nogueira Accioli, do qual era opositor, acusado de desmoralizar a autoridade que estava totalmente alheia ao sofrimento do povo cearense.

Tomou parte dos movimentos literários do Ceará, tendo pertencido, desde 1894, à Padaria Espiritual, entidade de fins literários e artísticos que se fundara em Fortaleza, dois anos antes, com o nome de "padeiro" Marcos Serrano. Foi historiador e romancista. Foi membro fundador da Academia Cearense de Letras. É considerado um dos principais expoentes da literatura regional-naturalista do Brasil e um dos maiores nomes da literatura do Ceará. Em sua homenagem, o Centro Acadêmico de Farmácia da Universidade Federal do Ceará tem o seu nome. Pioneiro do sanitarismo, teve a sua atuação publicamente reconhecida quando o Congresso Nacional lhe concedeu o título único de Varão Benemérito da Pátria. Lutou pela causa da libertação dos escravos, tendo sido um dos fundadores da Sociedade Libertadora Cearense (1880). Foi um grande Filantropo e ajudou poderosamente aos pobres vítimas das calamidades das secas, das epidemias de varíola e outras doenças que dizimaram milhares de nordestinos. Foi o Marcos Serrano da Padaria Espiritual, tendo presidido em 1898, na sua própria casa, as últimas reuniões daquela entidade. Foi sócio do Clube Literário. Colaborador de "O Pão" e de "A Quinzena".

Foi Naturalista, ensaísta, historiador, romancista, contista, poeta. Pesquisou os fenômenos e a evolução das secas no Ceará e escreveu, descritas ou romanceadas, obras de valor indiscutível: A Fome (1890), Os Brilhantes (1895), Maria Rita (1897), Violação (1899), O Paroara (1899), Secas do Ceará - Segunda Metade do Século XIX (1901), História da Seca do Ceará - 1877/1880 (1922), Reino de Kiato (1922), Seca de 1915 (1922) e Seca de 1922. Sua produção poética está contida em Lira Rústica e Telésias, ambos de 1913, versos de feição popular. Escreveu ainda: Cenas e Tipos (1919), O Conduru (1910), Libertação do Ceará (1914), A Sedição do Juazeiro (1922), O Caixeiro (1927) e Coberta de Tacos (1931). Publicou Botânica Elementar e Ciências Naturais em Contos, além de outros títulos. Foi patrono da cadeira n° 33 da Academia Cearense de Letras.

É editor, escritor. roteirista e um apaixonado por *Histórias em Quadrinhos* desde os anos 80, quando teve seu primeiro contato com os *comics* norte-americanos através das antigas publicações *Superaventuras Marvel* e *Heróis TV*, mas foi só com outra publicação, *A Espada Selvagem de Conan*, que definitivamente foi fisgado pela magia que é contar histórias, seja através de HQ ou prosa. Já no distante ano de 1986, ele reuniu amigos do colégio para criar o grupo *Jaboticaba* para contar suas histórias, quando escrevia HQ de humor, aventura, heróis e eróticas para publicar em *fanzines.*

Tornou-se um colecionador de HQ desde então, mas sempre voltado aos gêneros *Espada e Magia*, *Fantasia Heroica*, *Ficção-Científica* e *Terror Trash*. Foi através dos *Quadrinhos* que ele descobriu o personagem *Conan da Ciméria* e assim, seu criador, o Mestre da Literatura *Pulp Fiction* e *Sword and Sorcery*, Robert E. Howard, de quem é admirador incondicional e colecionador de sua obra. Através de Howard, descobriu também H.P. Lovecraft, o mestre do terror, de quem também é fã. Howard e Lovecraft, com suas formas singulares de narrativa fantástica, belas e aterradoras, tornaram-se as principais inspirações para Magnos criar suas próprias histórias, somando-se a eles ainda, Alan Moore, Will Eisner, Frank Miller, José Saramago,

Machado de Assis e Rodolfo Teófilo.

Fundou em 1999, *Os Porteiros Aletófilos*, um grupo irreverente que reunia escritores, poetas, contistas, humoristas e cartunistas, aos moldes do antigo movimento cearense: *A Padaria Espiritual*. Para o grupo, idealizou e editou um periódico no qual atuou como editor, redator e desenhista. Em 2001, iniciou um projeto editorial com qual lançou Quadrinhos e alguns folhetos de Literatura de Cordel e foi editor da extinta revista *Quadrix Comics*.

Em 2002, decidiu parar de desenhar para se dedicar totalmente à criação de suas histórias em prosa e em roteiros para HQ, como é o caso de *Haken Kreuz* que une ficção-científica, mitologia e seres superpoderosos com uma temática adulta; *As Crônicas de Ghowndangard*, uma grande saga de *Espada e Magia* contando as aventuras do guerreiro nórdico *Donner Therondor*; *Sertão Selvagem* que conta a saga de *Jonas Solomon*, um pistoleiro mercenário que vaga pelo sertão nordestino em uma busca de vingança e fazer sua própria justiça; *Lochlann, O Guerreiro do Crepúsculo Negro*, uma fantástica saga nas *Highlands* irlandesas, explorando as antigas culturas e mitologias celtas, druidas, britânicas e romanas. À frente da Red Dragon, já publicou os livros: Os Espectros da Montanha Negra (2015, em poortuguês e inglês), A Noite do Demônio (2015, em português e inglês), Haken Kreuz (Graphic Novel, 2015), Guerreiro do Crepúsculo Negro (Graphic Novel, 2015, 3 edições), Crônicas de Ghowndangard (Graphic Novel, 2015) e O Vaqueiro e o Pássaro de Fogo (Graphic Novel, 2012). Além de dedicar-se a sua produção escrita em prosa e roteiros para História em Quadrinhos, vem dedicando-se à tradução literal para o português e publicação da obra de Robert E. Howard.

Em tempo, vem dedicando-se a finalizar seus projetos literários em paralelo com suas ocupações profissionais como professor, palestrante e empresário internacional de artes marciais.

Encontre o editor em:
www.reddragonpublisher.com/alexmagnos
facebook A.Magnos
Instagram alexmagnos
TheComicCreator

Leia também...

ISBN 978-85-69097-22-8

O rei Kull de Atlântis enfrenta os ambomináveis homens--serpentes nas catacumbas sombrias do palácio real valusiano.

Books in Portuguese by Red Dragon Publisher

www.alexmagnos.com.br

ISBN 978-85-69097-00-6

ISBN 978-85-69097-08-2

ISBN 978-15-20698-70-0

ISBN 978-85-69097-09-9

Sagas em Preto e Branco!!

Acompanhe as aventuras de Lochlann
Na lendária Terra do Inverno !!

Guerreiro do Crepúsculo Negro Noir com ediçãoes em brochura e Kindle!
34 páginas em preto e branco!

Lochlann Noir #1
O Estranho Vindo do Mar
ISBN 978-85-69097-10-5

Lochlann Noir #2
A Colheita de Macha
ISBN 978-85-69097-11-2

Lochlann Noir #3
Traição no Castelo Lochlann
ISBN 978-85-69097-12-9

e não esqueça...

Confira também estes outras outras fantastics edições em brochura e Kindle com Impressionantes páginas em preto e branco cheias de fantasia, ação e aventuras !!

Ghowndangard #1
O Mestre dos Metais
ISBN 978-85-69097-15-0

Haken Kreuz
Edição Especial #0
ISBN 978-85-69097-13-6

BOOKS, COMICS, GRAPHIC NOVELS

Alex Magnos Storyteller
Fortaleza CE Brasil
+ 55 85 2130 9186

facebook reddragonpublisher
Instagram reddragonpublisher
redpublisher

reddragonpublisher@gmail.com
contato@reddragonpublisher.com
www.reddragonpublisher.com

www.ingramcontent.com/pod-product-compliance
Lightning Source LLC
LaVergne TN
LVHW101925220826
846093LV00009B/378

* 9 7 8 8 5 6 9 0 9 7 1 7 4 *